SPAN

Volume 2

SELECTED READINGS IN EASY SPANISH

Selected, translated and edited by:
Álvaro Parra Pinto

Ediciones De La Parra

EDICIONES DE LA PARRA
Caracas, Venezuela 2012

*Copyright © 2012 by Alvaro Parra Pinto.
All rights Reserved*

Selected Readings In Easy Spanish Vol. 2

ALL RIGHTS RESERVED:

This book may not be reproduced in whole or in part, by any method or process, without the prior written permission from the copyright holder. Unauthorized reproduction of this work may be subject to civil and criminal penalties.

Copyright © 2012 by Alvaro Parra Pinto. All rights Reserved

ISBN-13: 978-1484878743
ISBN-10: 1484878744

Amazon Author page:
http://amazon.com/author/alvaroparrapinto

SPANISH LITE SERIES

Selected Readings In Easy Spanish Vol. 2
Intermediate Level

This volume was written in simple, easy Spanish for intermediate language students. Fun and easy to read, it includes a selection of brief pages from the following best-sellers:

***DRACULA** by Bram Stoker
Page 1
***DON QUIXOTE** by Miguel de Cervantes
Page 15
***GULLIVER´S TRAVELS** by Jonathan Swift
Page 27
***A STUDY IN SCARLETT** by Sir Arthur Conan Doyle
Page 35
***THE MISERABLES** by Victor Hugo.
Page 41
***JANE EYRE** by Charlotte Brontë
Page 49

All texts were translated, edited and simplified to increase language comprehension and ease reading practice with simple wording, short sentences, and moderate, intermediate-level vocabulary.

Selected Readings In Easy Spanish Vol. 2

Spanish Lite Series

1-DRÁCULA

Bram Stoker (1847-1912)

DIARIO DE JONATHAN HARKER

Bistritz, 3 de mayo.

El primero de mayo continué mi viaje a Transilvania, donde me esperaba el conde Drácula.

Poco después de cenar, tomé un tren en la estación de Münich. Viajamos durante toda la noche. Antes del amanecer llegamos a Viena, una hermosa ciudad en la que hicimos una breve parada antes de reanudar nuestra larga marcha.

Después de recorrer las vías durante todo el día, el tren llegó a Klausenburg en horas de noche.

Me hospedé en el hotel Royale, donde mis pocos conocimientos del idioma alemán fueron muy útiles.

Antes de salir de Londres, yo había estudiado todo lo que pude sobre Transilvania en la biblioteca del Museo Británico, donde consulté varios libros y mapas sobre ese misterioso lugar.

Aunque pensaba que me había preparado bien para mi viaje, pronto descubrí que en realidad sabía muy poco. No pude encontrar un mapa o un libro capaz de indicarme el lugar exacto donde del castillo de Drácula... Pero al menos logré averiguar que Klausenburg, el pueblo al ′que llegué, quedaba en medio de la frontera de tres estados: Moldavia, Bucovina y Transilvania...

La única noche que pasé en Klausenburg tuve horribles pesadillas. Casi no pude dormir, además, un perro aulló bajo mi ventana hasta la madrugada, cuando finalmente logré dormir un poco.

Poco después de salir el sol, unos fuertes golpes en mi puerta me despertaron. Era la camarera del hotel, avisándome que ya estaba listo el desayuno.

Tomé el desayuno lo más rápido que pude y, sin perder tiempo, salí corriendo a la estación para tomar el tren.

Ese día recorrimos las tierras de Transilvania, llenas de bellezas naturales. Durante nuestra marcha, pude ver varios pueblecitos en la distancia, además de algunos viejos castillos en lo alto de solitarias colinas…

MI LLEGADA A BISTRITZ

Al final de la tarde llegamos al pueblo de Bistritz. El lugar me agradó mucho, era muy antiguo y también muy hermoso.

El conde Drácula me había indicado en una carta que al llegar Bistritz fuera directo al hotel Golden Krone.

Mientras caminé por las calles empedradas del pequeño pueblo, sentí un deseo irresistible por conocer aquel lugar, su gente y sus costumbres.

Toqué a la puerta del Golden Krone y una vieja campesina la abrió con una sonrisa. Ella parecía estar esperándome. Apenas me vio, me dijo en alemán, aunque era evidente que no hablaba bien aquel idioma:

—¿El señor inglés?

—Sí —le contesté, también en alemán, inclinándome ligeramente—.Soy Jonathan Harker, para servirle...

La vieja le dijo algo que no entendí a un anciano de camisa blanca que estaba dentro del viejo edificio.

Segundos después, me entregaron un sobre cerrado con una carta que decía lo siguiente:

"Mi querido amigo: Bienvenido a los Cárpatos. Lo espero ansiosamente. Intente dormir bien. Mañana a las tres de la tarde saldrá un carruaje para Bucovina. Ya le reservé su lugar. Uno de mis hombres lo estará esperando en el desfiladero de Borgo y lo traerá a mi castillo. Espero que no haya tenido problemas durante su viaje y que pueda disfrutar de su visita a mi amado país.

Su amigo,

DRÁCULA"

NOCHE DE DEMONIOS

4 de mayo.

El día siguiente, poco antes de dejar el hotel, la vieja ama de llaves subió a mi habitación. Se veía muy nerviosa.

—¿Es necesario que usted vaya a ese lugar? —me preguntó, preocupada — ¡Oh, señor! ¿Es necesario que usted vaya?

Ella se veía muy triste. Mezclaba su escaso alemán con una lengua extranjera que yo no podía entender. Supuse que era rumano y me dijo varias cosas que no entendí.

Señalando el reloj de pared, le dije que ya era tarde y que ya era hora de irme. Ella agarró mis manos y, con lágrimas en los ojos, me preguntó:

—¿Sabe usted qué día es hoy, señor?

Le dije que era el cuatro de mayo.

Pero ella sacudió la cabeza negativamente y me dijo:

—¡Oh, no! Eso ya lo sé, lo sé. Pero, ¿no sabe usted qué día es hoy?

Le dije que no entendía y ella exclamó:

—¡Hoy es la víspera del Día de San Jorge! ¿Sabía usted que hoy, a medianoche, salen los demonios? Por favor, quédese… ¡No viaje hoy!

La vieja estaba extremadamente preocupada. Una lágrima rodó por su mejilla.

Yo traté de calmarla pero no pude.

Entonces, la vieja cayó de rodillas sobre el piso y me rogó que no viajara, pidiéndome que esperara un par de días antes de continuar mi viaje…

Le di las gracias y la ayudé a levantarse antes de decirle que no podía quedarme porque esa noche debía llegar al castillo del conde Drácula.

Al escuchar ese nombre, la vieja pareció asustarse y se persignó. Seguidamente, se sacó un viejo crucifijo que llevaba colgado al cuello y me lo ofreció, pidiéndome que lo llevara conmigo.

Yo no supe qué decirle.

Yo pertenezco a la Iglesia Anglicana. Siempre consideré a los crucifijos y demás imágenes religiosas como símbolos de idolatría. Pero no quise ser descortés con la vieja, así que lo acepté.

Después de colgar el crucifijo a mi cuello, ella me dijo, secando sus lágrimas:

—¡Por favor, señor! ¡Úselo siempre! ¡Por Dios!"

EL DESFILADERO DE BORGO.

5 de mayo:

Al igual que ayer, hoy también viajé durante casi todo el día.

Más allá de las verdes colinas que atravesamos se levantaban grandes lomas con imponentes bosques, las cuales llegaban hasta las faldas de los montes Cárpatos…

A veces, el camino era tan inclinado que los caballos sólo podían avanzar muy lentamente.

En varias oportunidades quise saltar del carruaje y caminar con los caballos, como hacemos en Inglaterra. Pero el cochero me lo prohibió rotundamente.

—¡No; no lo haga! —exclamó—. Usted no debe caminar por estas montañas. ¡Aquí hay muchos perros salvajes!

Poco a poco, recorrimos el largo y solitario camino que cruza las elevadas montañas de Transilvania.

Finalmente, poco después de caer la noche, llegamos al desfiladero de Borgo.

Un carruaje negro nos esperaba en medio del camino y nos detuvimos a su lado.

Con mi lámpara de mano, observé los caballos del otro carruaje. Eran ejemplares espléndidos, tan negros como el carbón. Desde mi ventana, sin bajarme, crucé algunas palabras con el nuevo cochero.

Era un hombre alto, de larga barba y vestido de negro de la cabeza a los pies. Aunque lo intenté, no pude ver su rostro. Llevaba un gran sombrero negro que lo escondía bajo las sombras. Sin embargo, por un instante pude ver el destello rojo de sus ojos bajo el resplandor de mi lámpara.

Montó mis cosas en su carruaje y apenas lo abordé, partimos de inmediato.

Durante las siguiente horas recorrimos un largo y ascendente camino que finalmente nos llevó hasta lo alto de una frondosa montaña, donde nos esperaba a un inmenso y antiguo castillo.

El cochero detuvo el carruaje frente a la puerta principal y, al asomarme por la ventana, noté que ni un solo rayo de luz se veía salir de aquel viejo y misterioso edificio.

Elevando mi mirada hacia lo alto, observé la silueta dentada del enorme castillo contrastando contra el cielo iluminado por la luz de la luna llena. Para mi sorpresa, el lugar se veía deteriorado y parcialmente en ruinas...

De un salto, el cochero se bajó del carruaje y, abriendo mi puerta, me ofreció su mano para ayudarme a bajar. No pude ver su rostro cuando se acercó. Pero cuando tomó mi mano enseguida noté su prodigiosa fuerza. Su mano parecía una prensa de acero capaz de aplastar la mía si él lo hubiera querido.

Tomando mi lámpara, caminé hacia la puerta del castillo y examiné el lugar brevemente, mientras que el cochero bajó mis cosas y las colocó a mi lado. En el acto, saltó a su asiento nuevamente y, sacudiendo las riendas de los caballos con fuerza, reemprendió la marcha y se perdió en la oscuridad de la noche.

Aunque toqué a la puerta varias veces, nadie contestó.

Me pareció infinito el tiempo que tuve que esperar. En ese momento me di cuenta que ya casi sería medianoche y, recordando las palabras de la vieja campesina, sentí un repentino escalofrío recorriendo mi espalda…

MI ENCUENTRO CON DRÁCULA

Pensé que posiblemente tendría que esperar hasta el amanecer y, justo en ese momento escuché a través de la puerta el sonido de unos pasos viniendo y, a través de una hendidura, vi una luz brillante que se acercaba...

La enorme puerta se abrió con un largo crujido y enseguida se asomó un hombre viejo y alto.

Tenía la cabeza completamente afeitada, excepto por un largo bigote blanco. Al igual que el cochero que me había llevado al castillo, también vestía de negro de la cabeza a los pies... Llevaba en su mano una vieja lámpara de plata, cuya llama lanzaba sombras largas y onduladas contra las paredes del lugar.

Sin salir, levantó su mano derecha y me hizo señas para que entrara antes de hablarme en perfecto inglés, aunque con un extraño acento extranjero:

—Sea bienvenido a este humilde hogar. ¡Entre libremente y por su propia voluntad!

Aceptando su invitación, entré en el castillo y apenas crucé el umbral de su puerta, dio unos pasos hacia mí.

Estrechó mi mano con tanta fuerza que casi me hizo saltar... ¡aquella mano estaba tan fría como el hielo y parecía más la de un muerto que la de un hombre vivo!

—Bienvenido —repitió mirándome a los ojos después de estrechar mi mano—. Entre usted libremente y por su propia voluntad... Y cuando se marche, déjenos un poco de su alegría.

Por un momento pensé que aquel hombre era el cochero que venía a buscarme, aunque no estaba seguro.

—¿El conde Drácula?

Él se inclinó cortésmente ante mí y enseguida respondió:

—Sí, señor Harker, soy el conde Drácula y lo he estado esperando ansiosamente. Gracias por aceptar mi invitación. Es usted bienvenido a mi hogar. Y ahora vamos, vamos, quiero mostrarle su habitación. Seguramente usted necesita comer y descansar. Vamos, vamos, ¡ya es casi medianoche, no hay tiempo que perder!

Selected Readings In Easy Spanish Vol. 2

2-DON QUIJOTE DE LA MANCHA

Miguel de Cervantes (1547-1616)

EN UN LUGAR de La Mancha, cuyo nombre no recuerdo, vivía un viejo hacendado adicto a las novelas de caballería.

Vivía en su extensa hacienda con su hija y una sirvienta cuarentona, además de un joven campesino que siempre lo ayudaba con los trabajos propios del campo.

Tenía más de cincuenta años y era extremadamente delgado, aunque a pesar de su edad, todavía era muy fuerte.

Todas las mañanas, antes de salir el sol, se despertaba y trabajaba en el campo hasta el mediodía. Y en las tardes, después de terminar con su trabajo, tenía mucho tiempo libre.

A veces se iba de cacería. Pero la mayor parte del tiempo se quedaba en su casa y se dedicaba a leer los viejos libros de caballería.

Le gustaban mucho los libros, sobre todo los que hablaban sobre las aventuras de los caballeros andantes. Los imaginaba recorriendo el mundo, con sus relucientes armaduras, luchando contra el mal en nombre del Honor, la Justicia y el amor de una mujer.

Un día se dio cuenta que ya había leído todos los libros que tenía en su casa. Entonces le dijo a su hija que vendería parte de sus tierras y compraría todos los libros que las ganancias le permitieran.

Y de este modo, con el dinero que obtuvo al vender sus tierras, llenó su casa con cientos de libros de caballería.

Leyó y leyó durante días enteros.

Y también leyó y leyó durante las noches.

De esta manera, debido al poco leer y al mucho leer, se le secó el celebro y perdió el juicio.

Y sin embargo continuó leyendo.

En su locura, llegó a creer que eran verdades todas las fantasías mencionadas en sus libros: los encantamientos, los hechiceros, los gigantes, los dragones, las brujas y las pociones mágicas, entre otros disparates imposibles.

Finalmente, un buen día, sintió el llamado del destino y decidió convertirse en caballero andante.

NACE DON QUIJOTE

Lo primero que hizo fue limpiar una vieja armadura de uno de sus bisabuelos, olvidada en un rincón de su casa.

Después, fue al establo para ponerle un nombre heroico a su caballo. Pero no pudo decidirse. Le tomó cuatro días decidir el nombre que le pondría. Después de todo, el caballo de un caballero famoso debía tener un nombre glorioso. Finalmente, después de considerar más de cien nombres, decidió llamarlo Rocinante.

Lo segundo que hizo fue buscar un nuevo nombre para él mismo. Esta vez tardó ocho días en elegirlo.

Y así, nació el nombre de don Quijote de la Mancha.

Pocos días después, visitó a su vecino, un pobre granjero llamado Sancho Panza, y le habló de sus planes de recorrer el mundo y le pidió que fuera su escudero.

Le dijo que todos los caballeros andantes necesitan tener un escudero y lo invitó a cabalgar con él en busca de aventuras. Para convencerlo, le prometió que si aceptaba ser su escudero, lo nombraría rey de alguna de las islas o pueblos que conquistaran.

Al escuchar aquella oferta, Sancho Panza se emocionó tanto que enseguida aceptó. Y no le importó que para cumplir con su nuevo trabajo tendría que abandonar su hogar y separarse de su mujer e hijos.

EN BUSCA DE AVENTURAS

Pocos días después, en horas de la noche, don Quijote y Sancho Panza abandonaron sus hogares sin ser vistos y juntos partieron en busca de aventuras.

Viajaron en silencio durante toda la noche y cuando llegó el amanecer se alegraron mucho porque estaban tan lejos que ya nadie podría encontrarlos.

Don Quijote llevaba puesta su vieja armadura y montaba sobre su viejo caballo, Rocinante, y estaba más feliz que nunca.

Por su parte, Sancho Panza montaba un pequeño burro y no dejaba de pensar en las promesas de don Quijote. Soñaba con gobernar alguna isla o pueblo, como le había prometido, y con cada paso que daban su corazón se hinchaba de emoción.

Finalmente llegaron al campo de Montiel, a muchas leguas de distancia de donde vivían, y Sancho Panza le dijo:

-Mi Señor, por favor no olvide que usted prometió regalarme una de las islas o pueblos que conquistemos. SI cumple con su promesa, ¡le juro que sabré gobernarla!

Don Quijote, sin detener la marcha, le dijo:

-No te preocupes, querido Sancho. Te di mi palabra de caballero y pienso cumplirla. No olvides que de acuerdo con la vieja tradición caballeresca, podré nombrar a todos los reyes y gobernadores que hagan falta en aquellas tierras que conquistemos. Y no pienso romper con la tradición. ¡Si haces un buen trabajo, te daré mucho más de lo que te prometí!

-Si es así, mi señor, haré el mejor trabajo del mundo – le dijo Sancho Panza contento-. Y si Dios lo permite, también seré el mejor de los reyes... y entonces mi querida esposa, Juana Gutiérrez, será una reina y mis hijos serán príncipes.

-Así será, querido Sancho, así será –le respondió don Quijote-.¿Quién podría dudarlo?

-Disculpe, señor, pero yo mismo lo dudo.

-¿Pero por qué dices eso?

—Porque aunque Dios hiciera llover reinos sobre la tierra, nunca pensé que mi esposa llegaría a ser reina de algo. Siempre pensé ella sirve para reinar, aunque creo que sería una buena condesa...

-Entonces procura ser un buen escudero y pídele a Dios que te de lo que tú y tu esposa merecen. Él te dará lo que más les convenga. Pero no pidas más de lo que te he ofrecido para no tener que conformarme con menos...

-No lo haré, mi señor –le respondió Sancho-. Usted seguramente me dará justo lo que yo necesito...

COMBATE CONTRA GIGANTES

En ese momento, los dos se acercaron a un campo en el que había treinta o cuarenta molinos de viento.

Al verlos, don Quijote se alarmó y le dijo a su fiel escudero:

-¡Qué gran aventura! ¿Lo ves, Sancho Panza? ¡Hay treinta o más gigantes ante nosotros! ¡Tenemos que matarlos a todos!

-¿Cuáles gigantes, mi señor? –preguntó Sancho Panza mirando a su alrededor con preocupación..

-¡Esos que están frente a nosotros! -respondió don Quijote -. ¿No los ves? ¡Tienen los brazos más largos que he visto en toda mi vida!

-Disculpe, mi Señor -respondió Sancho tímidamente-, pero tenga cuidado: ¡Esos son gigantes! Sólo son molinos de viento... y lo que parecen ser sus brazos son sus aspas girando con el viento.

-¿Qué dices, Sancho? ¿No ves que son gigantes? Si tienes miedo, mejor apártate y ponte a rezar. ¡Pelearé solo con los gigantes!

Y, diciendo esto, don Quijote clavó sus espuelas en el costado de su caballo Rocinante y se alejó sin escuchar las palabras del pobre Sancho, quien repetía una y otra vez que no eran gigantes sino molinos de viento...

El ingenioso caballero ignoró las palabras del escudero y corrió velozmente hacia los molinos de viento y gritó a viva voz:

-¡En nombre de Dios y la Justicia, los reto a muerte, criaturas viles y despreciables! ¡Prepárense para morir en manos de un caballero andante!

En ese momento, el viento sopló fuerte y las enormes aspas de los molinos comenzaron a girar.

Al ver su movimiento, don Quijote exclamó:

-Aunque muevan sus brazos como lo hizo el gigante Briareo, ¡cortaré sus cuellos, uno a uno! ¡Ya lo verán!

Diciendo esto, levantó su lanza y embistió a todo galope al primer molino que estaba en su camino.

Por desgracia, al clavar su lanza en el aspa, el viento la hizo girar con tanta fuerza que su ésta se hizo pedazos, lanzando lejos tanto al caballo como al supuesto caballero andante, los cuales rodaron lastimosamente por el campo.

Sancho Panza corrió lo más rápido que pudo con su asno y al acercarse encontró que don Quijote estaba muy aporreado y no podía ni moverse.

-¡ Dios mío! —exclamó el pobre Sancho saltando del burro para ayudarle -. ¿No le dije que tuviera cuidado, mi señor, y que sólo eran molinos de viento?

-¡Cállate, Sancho, por el amor de Dios! —gritó don Quijote-, Te aseguro que realmente son gigantes… pero, evidentemente, un hechicero acaba de transformarlos en molinos por obra de magia… ¿Cuándo vas a aprender a confiar en mí? ¡Si quieres que te regale un reino, como te prometí, sé un buen escudero y no discutas! ¡Y nunca olvides que están con el caballero andante más grande del mundo: don Quijote de la Mancha!

3-LOS VIAJES DE GULLIVER

Jonathan Swift (1667-1745)

MI PADRE ERA DUEÑO de una pequeña hacienda en Nottinghamshire y yo fui el tercero de sus cinco hijos. A los catorce años de edad, me envió al Colegio Emanuel de Cambridge, donde viví durante tres años dedicado a mis estudios.

Después de completar aquellos estudios, tuve la oportunidad de trabajar varios años como aprendiz del doctor James Bates, un célebre cirujano de Londres, con quien no sólo aprendí sobre las ciencias médicas, sino también sobre los principios de la navegación y las matemáticas para viajeros.

Siempre supe, desde muy chico, que yo estaba destinado a recorrer el mundo. Gracias a mi padre y a mi tío Juan, tuve la oportunidad de viajar a la ciudad de Leida, donde estudié Física durante dos años y siete meses. En aquel entonces yo estaba seguro que aquella disciplina me sería de gran utilidad durante mis futuros viajes.

Y así, cuando alcancé la mayoría de edad, conseguí trabajo como médico en varios barcos y gracias a mis viajes a las Indias Orientales y Occidentales pronto adquirí una considerable experiencia...

A medida que pasaban los años, también aumentaba mi experiencia, gracias a lo cual logré amasar una pequeña fortuna y llegué a sentir que yo era el hombre más feliz del mundo.

Nunca sospeche que mi suerte estaba destinada a cambiar para siempre y que no sólo perdería toda mi fortuna sino también todo lo hasta ese entonces amaba en la vida.

ESTALLA LA TEMPESTAD

La tempestad nos atacó por sorpresa, durante un viaje que tomé con destino a las Indias Orientales. }

Navegábamos de noche, al noroeste de la tierra de Van Diemen, cuando de repente fuimos golpeados por fuertes vientos y nuestro barco terminó estrellándose contra unos arrecifes. Según mis cálculos, en el momento del choque, nos encontrábamos a treinta grados, dos minutos de latitud Sur.

Por desgracia, casi toda la tripulación murió durante el impacto, excepto seis de nosotros.

A bordo de un bote salvavidas, la media docena de sobrevivientes intentamos remar hacia una isla que vimos en la distancia.

Pero evidentemente el destino tenía otros planes para nosotros...

Después de remar cerca de tres leguas, una enorme ola volcó nuestro bote y nunca más volví a ver a mis compañeros de viaje. Supongo que todos murieron durante la tormenta.

Ignoro cómo logré llegar a aquella isla. Supongo que el viento y la marea me empujaron. Sólo sé que cuando finalmente llegué nadando a la playa, estaba tan cansado que no tardé mucho en quedarme dormido sobre la arena.

¿SUEÑO O REALIDAD?

Cuando desperté ya era de día.

Sin embargo, no sabía si estaba despierto o soñando. Sobre todo cuando traté de levantarme y descubrí que no podía moverme.

Yo estaba acostado sobre la arena, de espaldas a ella, con los brazos y las piernas fuertemente amarrados al suelo, al igual que mi larga cabellera. También mi cuerpo estaba cruzado por cuerdas muy delgadas y fuertes que me impedían moverme y entonces pensé que más que un simple sueño, aquello era toda una pesadilla.

Sólo podía mirar hacia arriba. La luz del sol lastimaba mis ojos y podía escuchar un ruido confuso e incesante a mi alrededor… Casi inmediatamente, sentí que algo se movía sobre mi pierna. Pensé que aquello era algún tipo de animal o insecto, pero como me era imposible mover la cabeza, no pude ver lo que era.

Era un ser vivo, eso sí, y avanzaba lentamente. Después de cruzar mi pecho, se detuvo muy cerca de mi barbilla y entonces, al mirar hacia abajo todo lo que pude, ¡vi que era una pequeña criatura humana, de menos de seis pulgadas de altura, armada con un arco y flecha!

En ese momento sentí que varias docenas de seres pertenecientes a aquella diminuta especie comenzaron a trepar sobre mi cuerpo, ante lo cual grité tan fuerte que todos huyeron con terror, excepto el primero...

PEQUEÑO GRAN LÍDER

A pesar de mis esfuerzos por liberarme, no pude moverme en absoluto. Al ver mi situación, el diminuto ser que estaba cerca de mi barbilla se acercó aún más y, levantando ambos brazos, exclamó con una voz aguda y potente:

-¡Hekinah degul!

Cientos de voces a mi alrededor repitieron varias veces aquellas mismas palabras, las cuales retumbaron como un fuerte eco en mis oídos.

Desesperado, por segunda vez intenté liberarme de aquellas amarras, pero todos mis esfuerzos fueron inútiles. Lo peor del caso es que en ese momento cientos de pequeñas flechas se clavaron en mi cuerpo, algunas en mi rostro, produciéndome un considerable dolor.

Decidí quedarme quieto y entonces dejaron de dispararme flechas..

Girando mis ojos todo lo que pude hacia un lado, logré ver una pequeña torre de madera sobre la cual subió uno de aquellos minúsculos seres.

A su lado había otros cuatro, quienes se colocaron a su lado. Enseguida comprendí que se trataba del jefe, quien sin mayores preámbulos, pronunció un largo e incomprensible discurso en una lengua desconocida.

Mientras hablaba, varios nativos cortaron las cuerdas que sujetaban el lado izquierdo de mi cabeza y pude girar mi rostro hacia el ser que pronunciaba el discurso.

Era un hombre de mediana edad, un poco más alto que mi dedo índice. Dirigiéndose a su pueblo, impartió unas órdenes y casi inmediatamente, varias docenas de esos minúsculos hombrecitos subieron a mi cuerpo.

Segundos después, todos ellos lanzaron a mi boca numerosas y pequeñas cestas cargadas de comida.

También vaciaron en mi boca varios barrilitos de agua y de un dulce jugo que no pude identificar.

Fue en ese momento, mientras terminaron de alimentarme y bailaban sobre mi pecho, cuando todos repitieron juntos las mismas palabras inicialmente pronunciadas por quien a mi juicio era el líder:

-¡Hekinah degul! ¡Hekinah degul! ¡Hekinah degul!

4-UN ESTUDIO EN ESCARLATA

Sir Arthur Conan Doyle (1859-1930)

—**DOCTOR WATSON**; le presento al señor Sherlock Holmes—me dijo el señor Stamford, presentándonos.

—¿Cómo está usted? —me preguntó cortésmente, apretando mi mano con mayor fuerza de la que yo suponía—.Por lo visto, usted ha estado en Afganistán.

—¿Cómo diablos lo sabe usted? —le pregunté con asombro.

—No se preocupe —me dijo riendo en voz baja…

—Hablemos sobre hemoglobina. Sin duda, usted sabe lo que significa mi hallazgo, ¿verdad?

—Sin dudas, es interesante químicamente—le respondí—. Pero en la práctica…

—¡Señor! ¡Es el descubrimiento médico con más aplicaciones prácticas realizado en muchos años! Mire; puede darnos una prueba exacta para descubrir las manchas de sangre, ¡Venga a ver!

Tomó la manga de mi abrigo con emoción y me llevó hasta su mesa de trabajo.

—Necesito un poco de sangre fresca —dijo, clavando una larga aguja en uno de sus dedos antes de verter una gota de sangre en una probeta de laboratorio.

—Ahora mezclaré esta pequeña cantidad de sangre con un litro de agua. Mire, la mezcla parece agua pura. La proporción de la sangre es menos de uno a un millón. Pero seguramente producirá la misma reacción..

MI CONVIVENCIA CON HOLMES

Desde luego, convivir con Holmes no era difícil.

Resultó ser un hombre apacible y de buenas costumbres. Raramente se acostaba después de las diez de la noche, y cuando me levantaba por la mañana ya él se había desayunado y marchado a la calle indefectiblemente.

A veces se pasaba el día en el laboratorio de Química; otras veces, en las salas de disección, y de vez en cuando en largas caminatas, al parecer a través de los barrios más bajos de la ciudad. Cuando trabajaba, nada superaba su vigor; pero de cuando en cuando sufría una reacción y pasaba días completos en el sofá de la sala, desde la mañana hasta la noche, sin apenas decir una sola palabra y sin mover un solo músculo...

Medía más de seis pies de estatura y era tan extraordinariamente delgado que daba la impresión de ser todavía más alto. Su mirada era aguda y penetrante... y su nariz fina y aguileña... Aunque sus manos siempre estaban manchadas de tinta y productos químicos, su tacto era extraordinariamente delicado, tal como pude comprobar frecuentemente al verle manipular sus frágiles instrumentos de Física.

Mentalmente, enumeré todos los temas que Holmes dominaba. Incluso tomé un lápiz para ponerlo por escrito y cuando terminé la lista sólo pude sonreír. Este fue el resultado:

Sherlock Holmes - Área de sus conocimientos:

1. Literatura: Cero.

2. Filosofía: Cero.

3. Astronomía: Cero.

4. Política: Ligeros.

5. Botánica: Diversos. Sabe de la belladona, opio y venenos en general. Ignora todo lo relativo al cultivo práctico.

6. Geología: Conocimientos prácticos, aunque limitados. Diferencia a simple vista los tipos de suelo. Después de sus caminatas, me ha mostrado las manchas de sus pantalones, indicando a qué parte de Londres pertenecían basado en el color y la consistencia.

7. Química: Exactos, aunque no sistemáticos.

8. Anatomía: Profundos.

9. Literatura sensacionalista: Inmensos. Al parecer conoce los detalles de todos los crímenes que han sido cometidos en un siglo.

10. Toca el violín.

11. Experto boxeador y esgrimista de palo y espada.

12. Conocimientos prácticos de las leyes de Inglaterra.

Holmes tocaba el violín y era muy bueno, pero muy excéntrico.

Yo sabía perfectamente que él podía tocar piezas musicales difíciles, porque le escuché tocar algunos de los Lieder de Mendelssohn y otras obras de gran calidad. Pero pocas veces lo que tocaba era verdadera música o una melodía conocida…

Spanish Lite Series

5-LOS MISERABLES

Victor Hugo (1802-1885)

SU NOMBRE ERA JAVERT y era inspector de la policía en la pequeña ciudad de M.

Cuando Javert llegó a la ciudad, ya el señor Magdalena había hecho su fortuna y todos lo respetaban. Pero nadie sabía que en realidad se trataba de un forajido que algunos años antes había escapado de la cárcel de Tolón.

Javert había nacido en una prisión, hijo de una mujer que leía la fortuna en las cartas, cuyo esposo también estaba encarcelado…

Entró, pues, en la policía y prosperó.

A los cuarenta años ya era inspector.

Una mañana, el señor Magdalena pasaba por una calle de M., cuando vio a un grupo de personas reunidas y se acercó a ellas con curiosidad. Era el viejo Fauchelevent, que estaba atrapado debajo de su carruaje, al lado de su caballo, el cual se había caído en medio de la calle…

El caballo tenía dos patas rotas y no podía levantarse.

El viejo estaba atrapado entre las ruedas, con tan mala suerte que el peso del carruaje, que estaba muy cargado, presionaba con fuerza sobre su pecho.

A pesar de los intentos, no podían liberarlo.

La única forma de sacarlo era levantando el carruaje.

El inspector Javert, quien llegó en el momento del accidente, ya hab´pia mandado a buscar una grúa.

Cuando llegó el señor Magdalena, todos se apartaron con mucho respeto.

-¡Auxilio! -gritó el viejo Fauchelevent-. ¿Alguien puede salvar a este viejo?

El señor Magdalena miró a las personas que estaban en aquel lugar y preguntó:

-¿No tienen una grúa?

-Ya fueron a buscarla, señor -contestó uno de los aldeanos.

-¿Cuánto tiempo tardará en llegar?

-Al menos un cuarto de hora.

-¡Un cuarto de hora! -exclamó el señor Magdalena.

La noche anterior había llovido y el suelo estaba húmedo.

El carro se hundía en el fango a cada instante y aplastaba el pecho del viejo carretero cada vez más.

Evidentemente, el peso rompería las costillas del anciano en menos de cinco minutos.

-No podemos esperar un cuarto de hora -le dijo Magdalena a las personas que observaban la escena-. Todavía hay espacio suficiente para que un hombre se meta debajo del carruaje y lo levante usando su espalda. Medio minuto será suficiente para que el pobre viejo salga de ahí. ¿Algunos de ustedes tiene hombros fuertes y un buen corazón? ¡Ofrezco cinco monedas de oro!

Nadie dijo nada.

-¡Diez monedas! -insistió Magdalena.

Todos bajaron sus miradas.

Uno de ellos murmuró:

-Hace falta alguien que sea muy fuerte. O correrá el riesgo de quedar aplastado...

-¡Vamos! -agregó Magdalena-, ¡ofrezco veinte monedas de oro!

Hubo el mismo silencio.

-No les falta un buen corazón, les falta fuerza -dijo alguien.

El señor Magdalena giró su cabeza y reconoció al inspector Javert. No lo había visto cuando llegó.

Javert siguió diciendo:

-Claro que les falta la fuerza. Sólo un hombre muy fuerte podría levantar con su espalda un carruaje de ese tamaño.

Y mirando fijamente al señor Magdalena, dijo enfatizando cada una de sus palabras:

-Señor Magdalena, en toda mi vida yo sólo he conocido un solo hombre con la fuerza necesaria para hacer lo que usted pide.

El señor Magdalena estaba nervioso.

Javert agregó con indiferencia, pero sin dejar de ver al señor Magdalena:

-Era un preso...

-¡Ah! -exclamó Magdalena.

-...de la cárcel de Tolón.

Magdalena se puso pálido.

Mientras tanto, el carro continuaba hundiéndose lentamente.

Fauchelevent gritaba y chillaba:

-¡Me ahogo! ¡Se quiebran mis costillas! ¡Una grúa! ¡Algo! ¡Ay!

Magdalena levantó la cabeza y miró a Javert con sus ojos de halcón. También vio a los aldeanos y sonrió con tristeza.

Sin decir una palabra, cayó de rodillas y en un segundo se metió debajo del carro.

Después de un terrible momento en el que sólo hubo silencio, el señor Magdalena intentó levantar el carro un par de veces, pero sin lograrlo, juntando sus codos con sus rodillas fuertemente.

-¡Señor Magdalena, salga de ahí! -todos le gritaban.

Incluso el viejo Fauchelevent le dijo:

-¡Señor Magdalena, váyase! ¡Ya no tengo solución, me espera la muerte, ya usted lo ve, déjeme! ¡O usted también morirá aplastado!

Magdalena no contestó.

Todos jadeaban. Las ruedas continuaban hundiéndose cada vez más y ya era casi imposible que Magdalena saliera de debajo del carro.

De repente, el carro se agitó y lentamente se levantó, tanto así que sus ruedas parecían salirse.

Una voz ahogada se escuchó:

-¡Rápido, ayúdenme!

Era el señor Magdalena después de su último esfuerzo.

Todos corrieron hacia él.

Su valor inspiró a los demás y entre veinte brazos cargaron el carro.

El viejo Fauchelevent se había salvado

Spanish Lite Series

6-JANE EYRE

Charlotte Brontë (1816-1855)

—¿QUÉ DICE ESE AVISO sobre la puerta? ¿Qué es la Institución Lowood?

—Es el nombre de esta casa, la casa en la que tú ahora vives.

—¿Y por qué la llaman institución? ¿Ésta escuela no es como las demás?

—Ésta es una institución semibenéfica. Tú y yo, al igual que todas las que vivimos aquí, somos niñas pobres. Yo supongo que tú eres una huérfana.

—Sí.

—¿De padre o de madre?

—No tengo padre ni madre. Ambos murieron antes de que yo los conociera.

—Pues, aquí todas las niñas son huérfanas de padre o de madre, o de ambos, y por esta razón la llaman institución benéfica para niñas huérfanas.

—¿No tenemos que pagar nada? ¿Nos mantienen sin nada a cambio?

—No. Nuestros parientes deben pagar quince libras al año.

—Y entonces, ¿por qué la llaman institución semibenéfica?

—Porque quince libras no es suficiente para cubrir los gastos. Nosotras vivimos gracias a las personas que hacen colaboraciones periódicas.

—¿Y quiénes hacen esas colaboraciones?

—Damas y caballeros generosos de Londres y los alrededores.

—¿Quién es Naomi Brocklehurst?

—Ella fue la dama que construyó la parte nueva de la casa. Su hijo es quién manda ahora en este lugar.

—¿Por qué?

—Porque él es el tesorero y director de esta institución.

—¿Entonces la casa no es propiedad de la dama alta que lleva un reloj y que ordenó que nos dieran pan y queso?

—¿La señorita Temple? ¡No! Sería mejor, pero no... Ella tiene que reportar todo lo que hace ante el señor Brocklehurst. Él es quien compra la comida y la ropa para nosotras.

—¿Él vive aquí?

—No. Él vive a un par de millas de distancia, en un palacio muy grande.

—¿Y ese caballero es bueno?

—Dicen que es muy caritativo. Es un sacerdote1.

—¿Entonces la dama alta es la señorita Temple?

—Sí.

—¿Y el resto de las profesoras?

—La de las mejillas pintadas es la señorita Smith, ella está encargada del trabajo diario. Ella corta la tela de nuestros vestidos. Nosotras hacemos toda la ropa que usamos. La pequeña de pelo negro es la señorita Scartched: ella enseña historia y gramática y además está a cargo del segundo grado. La que lleva el chal y el bolso en la cintura, atado con una cinta amarilla, se llama la Madame Pierrot. Es francesa y enseña francés.

—¿Las maestras son buenas?

—Sí, son muy buenas.

—¿Te gusta la del pelo negro y la dama... la francesa? ¡No puedo pronunciar su nombre!

—La señorita Scartched es medio agresiva. Intenta no molestarla. Madame Pierrot no es mala persona.

—Pero la señorita Temple es la mejor de todas, ¿no?

—La señorita Temple es muy buena y muy inteligente. Por eso ella es la que manda a las demás.

—¿Llevas mucho tiempo aquí?

—Dos años.

—¿Eres huérfana?

—No tengo madre.

—¿Y aquí eres feliz?

—¡Cuántas preguntas haces! Pienso que ya te di muchas respuestas. Ahora déame leer.

Pero en ese momento llamaron a almorzar y todas regresamos a la casa.

Del comedor salía un aroma que no parecía ser mucho más gustoso que el del desayuno. En dos grandes ollas de latón estaba la comida, la cual tenía un fuerte olor a manteca rancia. Era un hervido de patatas insípidas con trozos de carne agria.

A cada alumna nos sirvieron una ración relativamente abundante. Yo comí todo lo que pude y me angustié cuando pensé que posiblemente nos darían la misma comida todos los días.

Apenas terminó el almuerzo, regresamos al salón de clases y las lecciones continuaron hasta las cinco de la tarde.

Lo único digno de mencionar es que durante la clase de historia, la señorita Scartched castigó a la niña con quien yo hablaba antes de entrar, obligándola a pararse en medio del salón y permanecer ahí hasta el final de la clase.

Me pareció un castigo muy fuerte, sobre todo para una joven que aparentaba tener al menos trece años. Pensé que daría muestras de nerviosismo o vergüenza, pero para mi asombro, ni siquiera se ruborizó. Parada en medio del salón, ella estaba seria y no se movía, atrayendo todas nuestras miradas.

«¿Cómo puede ella estar tan tranquila? —pensaba yo—. Pienso que si yo estuviera en su lugar, desearía que se abriera la tierra y me tragara. Pero ella no parece estar castigada, es como si no pensara en todo lo que la rodea. Dicen que hay quienes sueñan despiertos. ¿Será que ella está soñando despierta? Mantiene su mirada clavada en el suelo, pero estoy segura de que no lo está viendo. Más bien parece como si ella estuviera mirando dentro de sí. Quizás ella está recordando algo en el pasado y no se da cuenta de lo que le pasa a su alrededor... ¡Qué niña tan rara! No sé si ella es mala o buena.»

Poco después de las cinco, sirvieron la cena: una taza de café con media rebanada de pan moreno. Con gusto me comí el pan y bebí el café, pero me hubiera gustado poder comer y beber mucho más. Yo seguía con hambre.

Después de la cena, nos dieron otra media hora de recreo y regresamos al salón de estudios. Más tarde nos dieron un vaso de agua y un pedazo de torta de avena, y finalmente nos acostamos.

Y así transcurrió mi primer día en Lowood.

MI VIDA EN LOWOOD

Un día me deslicé entre las niñas y pasando bajo las mesas, quedé cerca de una de las chimeneas. Ahí estaba Burns, en silencio, abstraída, concentrada en la lectura de su libro, el cual devoraba iluminada por la pálida claridad de las brasas medio apagadas de la chimenea.

—¿Estás leyendo el mismo libro? —le pregunté.

—Sí –me dijo—. Ya casi lo termino.

Cinco minutos después lo terminó, para mi satisfacción. «Ahora podré hablar con ella», pensé.

Me senté en a su lado, en el suelo.

—¿Cómo te llamas, además de Burns?

—Helen.

—¿Eres de aquí?

—No. Nací en un pueblo del Norte, cerca de la frontera con Escocia.

—¿Y piensas regresar?

—Supongo que sí, pero uno nunca sabe lo que pueda pasar.

—¿Pero quieres irte de Lowood, verdad?

—No.

—¿Por qué?

Porque me trajeron aquí para educarme y nadie me sacará hasta que yo lo logre.

—Pero esa profesora, la señorita Scartched, es tan cruel contigo.

—¿Cruel? No. Es estricta y no me perdona ninguna falta.

—Si yo estuviera en tu lugar y me pegara con eso que usó para pegarte, se lo arrancaría de las manos y lo rompería contra sus narices.

—Seguramente no harías nada de eso. Si lo hicieras, el señor Brocklehurst te expulsaría del colegio y eso sería muy humillante para tu familia. Es mejor soportar todo con paciencia y guardar esos pensamientos para una misma, así la familia no se disgustará. Además, la Biblia dice que hay que devolver bien por mal.

—¿Pero cómo soportar que a una la azoten y la paren en medio del salón para avergonzarla ante todas? Yo no lo soportaría, aunque soy más pequeña que tú.

—Debemos soportar y estar conforme con todo lo que nos depara el destino. Es un signo de debilidad decir «yo no soportaría esto o aquello».

La escuchaba con asombro. Yo no podía estar de acuerdo con su opinión. Me pareció que Helen Burns veía el mundo bajo una luz invisible para mis ojos. Sospeché que ella podía tener razón y yo no, pero como no había forma de saberlo, decidí no comparar nuestras opiniones en esta ocasión.

—Tú nunca cometes faltas. Yo pienso que eres una buena niña.

—No hay que juzgar por las apariencias. La señorita Scartched tiene razón: siempre dejo las cosas desordenadas, soy muy descuidada, olvido mis deberes, me pongo a leer en vez de estudiar las lecciones, no tengo método y, a veces digo, al igual que tú, que no puedo soportar unas normas tan estrictas. Eso molesta a la profesora, ella es muy ordenada, muy metódica y muy especial.

—Y muy cruel —agregué.

Seguramente Helen no estaba de acuerdo conmigo. Mantuvo silencio.

—¿La señorita Temple es tan estricta contigo como la señorita Scartched?

Cuando ella escuchó el nombre de la inspectora, una dulce sonrisa se dibujó en el rostro de Helen.

—La señorita Temple es demasiado buena y le da dolor ser severa hasta con las niñas más malas. Ella me indica, con amabilidad, los errores que yo cometo y, aunque haga algo digno de castigo, siempre me tolera. Pero, a pesar de que es buena y me dice cosas buenas, yo sigo siendo mala y no me corrijo. Sigo siendo la misma: no atiendo a las lecciones.

—¡Qué extraño! –le dije—. ¡Pero si atender es muy fácil!

—Para ti, sí. Hoy te observé en clase. Estabas muy atenta cuando Miss Miller explicaba la lección y te preguntaba. Pero yo soy diferente. A veces, mientras la profesora habla, yo no sigo lo que ella dice y caigo como en un sueño. Quizás imagino que estoy en Northumberland y que los ruidos que oigo son el rumor de un riachuelo que corre cerca de nuestra casa. Cuando me doy cuenta de dónde estoy como en realidad no presto atención a la lección, cuando me preguntan algo no sé qué contestar.

—Sin embargo esta tarde contestaste todo bien.

—Eso fue por casualidad. Hoy me interesó lo que nos leyeron. Hoy, en vez de soñar con Northumberland, pensaba lo asombroso de que un hombre tan correcto como Carlos I a veces fuera tan injusto e imprudente, y en que me parecía extraño que una persona decente como él nunca vio más allá de sus propios derechos de monarca. Si él hubiera sabido mirar más allá, hubiera entendido las exigencias de eso que llaman el "espíritu de los tiempos". Ya lo ves: yo admiro mucho a Carlos I. ¡Pobre rey, cómo lo asesinaron! Los que lo hicieron no tenían derecho a derramar su sangre. ¡Y sin embargo se atrevieron a hacerlo!

En ese momento Helen parecía hablar con ella misma, olvidaba que yo no podía comprender esas cosas y que ignoraba más o menos todo aquel asunto.

Volví a tocar el tema inicial.

—¿También te olvidas de todo cuando estás en clases con la señorita Temple?

—Eso casi nunca, porque la señorita Temple tiene una forma especial de hablar, lo que dice me interesa más que mis propios pensamientos y como me gusta lo que nos enseña y lo que nos dice, yo siempre la escucho con atención.

—¿Entonces te portas bien buena con la señorita Temple?

—Sí: con ella no tengo opción, pero si lo hago no es porque yo soy buena, no tiene mérito alguno.

—Sí lo tiene. Tú eres buena con las personas que son buenas contigo. A mi me parece bien así. Si todos obedecemos y somos amables con las personas que son crueles e injustas con nosotros, nunca nos temerían y cada vez serían más malos. Si alguien nos pega sin razón, debemos devolverle el golpe, para enseñarles que no lo repitan.

—Cuando crezcas cambiarás de opinión. Tú eres demasiado joven para entender.

—No, Helen; no creo que debo tratar bien a quienes me tratan mal y pienso que debo defenderme de quienes me castigan sin una razón. Para mí es tan natural como querer a quienes me dan cariño o aceptar un castigo cuando lo merezco.

—Así piensan los paganos y los salvajes, pero las personas civilizadas y cristianas no.

—¿Cómo que no? No puedo entenderte.

—La violencia no es la mejor forma de vencer el odio, y la venganza no es el mejor remedio para las ofensas.

—¿Y entonces qué debemos hacer?

—Leer el Nuevo Testamento y aprender lo que Cristo nos enseñó… cómo vivía y tratar de imitarlo.

—¿Qué enseñaba Cristo?

—Que hay que amar a nuestros enemigos, bendecir a quienes nos maldicen y desearle el bien a quienes nos odian.

—Entonces yo debería amar a mi tía y bendecir a su hijo, John, pero eso me parece imposible.

Helen me preguntó de quiénes hablaba y le expliqué todo de prisa y a mi manera, sin secretos ni atenuantes, todo tal como yo lo recordaba y lo sentía.

Helen me escuchó pacientemente hasta que terminé. Yo esperaba su opinión, pero no dijo nada.

—Bueno –le dije—. ¿Qué te parece? ¿No piensas que mi tía es una mujer muy mala y que tiene un corazón muy duro?

—Ella se portó mal contigo, no hay duda, pero quizás sea porque no le simpatiza tu carácter, así como le pasa a Miss Scartched con el mío... ¡Recuerdas todo lo que te hicieron y te dijeron con tantos detalles! ¡Cómo te duele que te hayan tratado mal! ¿No crees que serías más feliz si intentas perdonar la severidad de tu tía? Yo pienso que la vida es muy corta para perderla en odios infantiles y malos recuerdos. Es cierto que no debemos soportar muchas cosas en este mundo, pero debemos pensar en el momento en que nuestro espíritu deje nuestro cuerpo y regrese a Dios, su creador. Por eso es mejor tener un alma pura, ¿y si somos llamados a convertirnos en un ser muy superior al humano, en un ser celestial? En cambio, sería muy triste que un alma humana quedara convertida en el alma de un demonio. ¡No quiero pensar en eso! Para que eso no ocurra, debemos perdonar. Por eso separo el pecador del pecado. Odio el pecado pero perdono al pecador, olvido los agravios que me hacen, y de esta manera vivo tranquila esperando el fin.

Helen bajó la cabeza. Comprendí que en vez de seguir hablando, prefería hundirse en sus propios pensamientos. Pero no pudo hacerlo por largo rato. Una instructora, una joven grande y tosca, se acercó y le dijo, con su rudo acento de Cumberland:

—Helen Burns: si no terminas tus labores y ordenas las cosas de tu cajón, se lo diré a la señorita Scartched.

Helen, obligada a abandonar su sueño, suspiró y sin perder tiempo se marchó a cumplir las órdenes de la instructora.

ABOUT THE AUTHOR

ÁLVARO PARRA PINTO is a literary author and journalist born in Caracas, Venezuela (1957). He is the editor of the South American publishing company EDICIONES DE LA PARRA and has published several of his books in Kindle format, including his bestselling series SELECTED READINGS IN EASY SPANISH. Especially designed for the intermediate language student, each volume of this series is written in simple, easy Spanish.

AMAZON AUTHOR PAGE:
http://amazon.com/author/alvaroparrapinto

Contact the Author:
ineasyspanish@gmail.com

Twitter Account:
@ineasyspanish

Published by: Ediciones De La Parra
http://www.edicionesdelaparra.com*Copyright © Alvaro Parra Pinto 2012. All Rights Reserved.*

THANK YOU!

Ediciones De La Parra

Thanks a lot for reading this book!

Our main goal is to help intermediate-level readers like you, by providing simple, selected readings in easy Spanish at low prices!

If you liked this product, please give us a minute and leave your review in Amazon:

PLEASE LEAVE YOUR REVIEW!

AND CHECK OUT THE REST OF THE VOLUMES OF THE SPANISH LITE SERIES!

SPANISH LITE SERIES: VOL. 1

***The Three Musketeers by Alexandre Dumas*
*Tarzan Of The Apes by Edgar Rice Burroughs
*The Metamorphosis by Franz Kafka
*Five Weeks In A Balloon by Julius Verne.
*Wuthering Heights by Emily Brontë
*Frankenstein by Mary Shelley

SPANISH LITE SERIES: VOL. 2

*Dracula by Bram Stoker
*The Miserables by Victor Hugo.
*Don Quixote by Miguel de Cervantes
*Gulliver´s Travels by Jonathan Swift
*A Study in Scarlett by Sir Arthur Conan Doyle
*Jane Eyre by Charlotte Brontë

SPANISH LITE SERIES: VOL. 3

*Arabian Nights (Anonymous)
*The Jungle Book by Rudyard Kipling
*David Copperfield by Charles Dickens
*From The Earth To The Moon by Jules Verne
*Treasure Island by Robert Louis Stevenson
*The Origin of Species by Charles Darwin

SPANISH LITE SERIES: VOL. 4

*The Wise King by Khalil Gibran
*After Twenty Years by O Henry.
*Robinson Crusoe by Daniel Defoe
*Pride and Prejudice by Jane Austen
*The Bronze Statue by Juan Vicente Camacho
*The Art of War by Sun Tzu

SPANISH LITE SERIES: VOL. 5

*Journey To The Center Of The Earth by Jules Verne
*Aladdin´s Lamp (Anonymous)
*The Adventures of Tom Sawyer by Mark Twain
*Sandokan, The Malaysian Tiger by Emilio Salgari
*War and Peace by Leon Tolstoi
*The History of Herodotus by Herodotus

SPANISH LITE SERIES: VOL. 6

*20.000 Leagues Under The Sea by Jules Verne
*Conan The Barbarian by Robert E. Howard
*The Lost World by Sir Arthur Conan Doyle
*The Travels of Marco Polo by Marco Polo
*The Tortoise and The Hare by Aesop
*The Prince and The Pauper by Mark Twain

SPANISH LITE SERIES: VOL. 7

This volume includes a selection from the following best-sellers:
*A Connecticut Yankee in King Arthur´s Court by Mark Twain.
*The Hunchback of Notre Dame by Victor Hugo
Plus the COMPLETE & CONDENSED EDITION of:
*The Picture of Dorian Gray by Oscar Wilde

SPANISH LITE SERIES: VOL. 8

This volume includes the COMPLETE AND CONDENSED EDITIONS of three famous TALES OF HORROR:
*The Dead Woman by Guy de Maupassant
*The Black Cat by Edgar Allan Poe
Plus the 1886 bestselling novel that shook the world:
*Dr. Jekyll and Mr. Hyde by Robert Louis Stevenson

SPANISH LITE SERIES: VOL. 9

*Robin Hood (anonymous)
*Mysterious Island by Jules Verne
*Africa by David Livingstone
*Madame Bovary by Gustave Flaubert
*The Trial by Franz Kafka
*The King´s Dream by Herodotus

SPANISH LITE SERIES: VOL. 10

This volume includes the COMPLETE AND CONDENSED VERSIONS of three famous VAMPIRE STORIES:
*Vampirette by E. T. A. Hoffmann.
*The Dead Lover by Théophile Gautier.
Plus the bestselling vampire novel:
*Dracula by Bram Stoker.

Selected Readings In Easy Spanish Vol. 2

Ediciones De La Parra

Selected Readings in Easy Spanish is especially made for intermediate language students like you. Compiled, translated and edited by the Venezuelan bilingual journalist and literary author Alvaro Parra Pinto, editor of ***Ediciones De La Parra.***

AMAZON AUTHOR PAGE:
http://amazon.com/author/alvaroparrapinto

CONTACT THE AUTHOR:
ineasyspanish@gmail.com

@ineasyspanish

PUBLISHED BY: EDICIONES DE LA PARRA
http://edicionesdelaparra.com

Copyright © Alvaro Parra Pinto 2012. All Rights Reserved.

Made in the USA
San Bernardino, CA
12 October 2017